Warren Buffett

Sein Weg an die Spitze

Von Urs Markwalder
Alle Rechte vorbehalten
© 2019 Urs Markwalder

Warren Buffett

Vorwort

Warren Buffett, auch bekannt als das Orakel von Omaha, ist einer der erfolgreichsten Investoren der Welt. Er führt das erfolgreiche Unternehmen Berkshire Hathaway, welches über 60 Tochterunternehmen besitzt. Jedes Jahr pilgern mehrere zehntausend Personen nach Omaha, um an der Jahresversammlung von Berkshire teilzunehmen und Warren Buffett zu sehen. Buffett wird als Mentor, Lehrer und Entertainer angesehen. Er gehört zu den reichsten Menschen der Welt und hat versprochen 99 Prozent seines Vermögens zu spenden.

Doch wie kam er zu seinem Reichtum? Was ist sein Geheimnis? In diesem Buch lernen Sie Warren Buffetts Geschichte, seine Investment-Methoden, seine Weisheiten fürs Leben und die Menschen kennen, die ihn umgeben und unterstützen.

Inhaltsverzeichnis

1. Leben

Am 30. August 1930 ist Warren Edward Buffett in Omaha im US-amerikanischen Bundesstaat Nebraska geboren. Dabei gehört er zur siebten Generation der Buffetts in Omaha. Der erste Buffett, welcher nach Nebraska kam, eröffnete 1869 einen Lebensmittelladen. Auch Warrens Großvater betrieb ein Lebensmittelgeschäft und beschäftigte den jungen Charlie Munger, den späteren Freund und Vize Chairman von Warren Buffett. Warrens Vater war Aktienhändler, arbeitete bei der Bank und war später Kongressabgeordneter. [1]

1.1. Kindheit

Es wird erzählt, dass Warren schon in seiner Kindheit ein Freund der Zahlenwelt war. Von seiner Tante Alice erhielt der Junge sein Lieblingsspielzeug. Dabei machte sie ihm ein unwiderstehliches Angebot. Wenn Warren den Spargel essen würde, dann schenkt sie ihm eine Stoppuhr. Buffett war von diesem präzisen Messinstrument fasziniert. Die Messuhr wurde andauern für Spiele wie Murmelrennen eingesetzt. Hierfür füllte er die Badewanne mit Wasser, rief die Schwestern ins Bad und bat sie, ihre Murmeln an einem Ende hineinzurollen. Die Murmeln rollten dann am Gefälle der Badewanne hinunter. Dabei stoppte Warren die Zeiten und schrieb diese auf. An Weihnachten hat er dann noch sein wertvollstes Geschenk von seiner Tante erhalten, einen vernickelten Münzwechsler (siehe Abbildung 1).

Abbildung 1 Münzwechsler an Schaffnertasche [2]

Dafür fand er unzählige Einsatzmöglichkeiten. Vor dem Elternhaus stellte er einen Tisch auf und verkaufte den vorbeigehenden Fußgängern Kaugummis. Aus dem Lebensmittelladen seines Großvaters kaufte er für 25 Cent einen Sixpack Coca-Cola und verkaufte dann einzelne Flaschen für fünf Cent das Stück. Dabei ging er von Tür zu Tür. Zusätzlich verkaufte er an Wochenenden Popcorn und Erdnüsse bei Footballspielen. [1] Während die meisten Freunde von Warren die Tage damit verbrachten, Fußball oder andere Spiele zu spielen, lernte er von seinem Vater, was es heißt, zu investieren. Er begann eine Leidenschaft für Geld, Sparen und Investitionen zu entwickeln. Fünf Jahre nach seinen ersten Schritten in der Geschäftswelt schaffte es der junge Buffett das Investment kennenzulernen. Dabei konnte er 120 US-Dollar auf die Seite legen. Mit elf Jahren kaufte Warren drei Vorzugsaktien von

Cities Service, die Lieblingsaktie seines Vaters. Zusätzlich überredete er seine Schwester, es ihm gleich zu tun. Beide investierten somit je 114.75 US-Dollar. Im darauffolgenden Sommer ging es mit der Börse abwärts. Das Jahrestief war im Juni und Warren und seine Schwester sahen zu, wie die Aktie um 30 Prozent fiel. Dabei gab es keinen Tag, an dem Doris Warren ihn nicht wegen dem Verlust neckte. Aus diesem Grund verkauften beide ihre Aktien, als diese bei etwa 40 US-Dollar waren. Nach dem Verkauf stieg die Aktie auf 202 US-Dollar an. Dies war sicher ein prägender Augenblick für Warren, denn es war eine schmerzhafte Lehre. Somit hat Warren Buffett eine der wichtigsten Weisheiten gelernt: Lasse dich nicht von dem bereits bezahlten Preis der Aktie ablenken und habe Geduld. [1] [3]

1.2. Unternehmerische Aktivitäten

Mit dreizehn Jahren begann Buffett die Zeitungen Washington Post und Washington Times-Herald auszutragen. Auf der High School freundete er sich mit Don Danly an. Diesen steckte Warren mit dem Eifer an, Geld zu verdienen. Zusammen kauften sie einen Flipperautomaten. Dabei überredeten sie einen Frisör, den Automaten im Salon aufzustellen. Bei Sonnenuntergang konnten sie vier US-Dollar in fünf Cent Stücken aus dem Kasten holen. Ihre Firma expandierte bis auf sieben Automaten und kurz darauf konnte Buffett 50 US-Dollar pro Woche verdienen. Nach der Highschool konnte Warren ungefähr 9'000 US-Dollar Erspartes vorweisen. Er beschloss, seine schulische Laufbahn zu beenden, da diese den Unternehmergeist stören würde. Dies wurde jedoch von seinem Vater abgelehnt. Aus diesem Grund begann Warren im darauffolgenden Herbst an der Wharton School of Business and Finance der Universität von Pennsylvania zu studieren. Warren bekannte später, dass er an der Universität nicht viel gelernt habe. Die Universität brachte viel theoretisches Wissen bei, jedoch war er am praktischem Wissen interessiert. Nachdem er 1947 bis 1949 studierte, wechselte er an die Universität von Nebraska. 1950 machte er seinen Abschluss mit nur 19 Jahren. [1]

1.3. Die Anziehungskraft von Graham

Danach kehrte Warren Buffett nach Omaha zurück und befasste sich mit dem Aktienhandel. Er begann Bücher zu lesen und Börsenbriefe zu abonnieren. In der öffentlichen Bibliothek stieß er auf das Buch «Intelligent Investieren». Ein Bestseller von Benjamin Graham. Dieses Buch und «Die Geheimnisse der Wertpapieranalyse» von David Dodd und Graham, machten so einen guten Eindruck auf Warren, dass er an der Columbia Universität bei Graham studieren ging. Diese liegt in New York und ist ca. 1'200 Meilen (1'900 Kilometer) von Omaha entfernt. Graham lehrte den inneren Wert eines Unternehmens zu berechnen. Er war überzeugt davon, Gewinn an der Börse zu machen, wenn er als Anleger Aktien finden würde, bei denen der Preis unter dem inneren Wert liegen würde. Dies entsprach genau Warren Buffetts Vorstellungen. Den Kurs von Graham besuchten 20 Studenten. Die meisten waren älter als Warren und viele arbeiteten an der Wall Street. Den Kommilitonen war schnell klar, dass Warren der Begabteste der Klasse war. Oft hob er die Hand, um die Fragen von Graham zu beantworten. Die Chemie zwischen Graham und Warren stimmte auf Anhieb. Der Rest der Klasse war hauptsächlich Publikum. Dies beschrieben ehemalige Kommilitonen von Warren Buffett. Das erste Mal nach 22 Jahren vergab Graham die Note A+ und dies an Warren. Nach dem Abschluss an der Universität bat Warren um einen Job. Graham wies ihn jedoch ab. Dieser vergab die freien Stellen lieber an jüdische Analysten, da diese an der Wall Street ungerecht behandelt werden. Warren kehrte dann nach Omaha zurück und arbeitete in der Broker Firma Buffett-Falk, welche seinem Vater gehörte. Dabei empfahl Buffett Aktien nach den Lehren von Benjamin Graham. In der ganzen Zeit blieb Warren mit Graham im Kontakt. 1954 wurde ein Stuhl bei Graham-Newman frei, nachdem die jüdische Diskriminierung gefallen war, welchen Warren Buffett sofort besetzte. [1]

1956, zwei Jahre nach Warren Buffets Einstieg in die Firma, beschloss Graham sich zur Ruhe zu setzen, weil sich die Firma aufgelöst hatte. Mit 25 Jahren kehrte Buffett, mit dem Wissen, welches ihm der Meister Benjamin Graham auf den Weg gegeben hatte, nach Omaha zurück.

2. Start zum Investor

2.1. Buffett Partnership Ltd.

Buffett gründete mit 25 Jahren eine Investmentkommanditgesellschaft.

Sieben Teilhaber legten mit Buffett 105'000 US-Dollar zusammen ein, wobei Buffett lediglich 100 US-Dollar als Symbol einlegte. Auf die angelegte Summe bekamen die Partner sechs Prozent Zinsen. Vom Gewinn abzüglich der Zinsaufwände behielt Buffett 25 Prozent für sich und zahlte 75 Prozent den Partnern aus. Die Firma investierte nach den Lehren von Graham. Außerdem ließ sich Buffett auf Risikoarbitrage ein. Dies ist eine Strategie bei dem Anleger versuchen, die größtenteils positive Preisdifferenz zwischen Angebot und Aktienpreis bei öffentlichen Firmenübernahmen auszunutzen. Im Jahre 1962 vereinigte Warren Buffett alle bisherigen Partnerschaften in einer einzigen Firma. Die Buffett Partnership Ltd. wurde geboren. Buffett erzielte unglaubliche 46 Prozent Rendite, während der Dow lediglich 22 Prozent erzielte. Somit kam es dazu, dass die Partner mehr Geld einlegten und die Firma mit einer Summe von über sieben Millionen US-Dollar startete. Warren wurde mit der Zeit klar, dass er mit der Sammlung von Akten und sonstigen Unterlagen nicht länger Zuhause arbeiten kann. Im Alter von dreißig Jahren wurde Warren zum Millionär. Mit 35 Jahren mietete er eine Bürofläche im Kiewit Plaza. Ungefähr zwanzig Blocks entfernt baute er sein Haus in Omaha.

Die Salatöl-Affäre in den 1960er Jahren brachte Buffett satte Gewinne. Tino De Angelis, der damalige Leiter von

Allied Crude Vegetable Oil, hatte eine Abkürzung gefunden mit Sojaöl Geld zu verdienen. Durch die physikalische Tatsache, dass Öl in Wasser schwimmt, täusche De Angelis die Banken. In New Jersey ließ er eine Raffinerie mit 139 fünfstöckigen Lagertanks für Sojaöl bauen. Diese befüllte er mit Wasser und mit einer kleinen Schicht Öl. Die prüfenden Inspektoren kletterten auf die Tanks und maßen von oben die Ölqualität. Die Ölmenge wurde als Sicherheit genutzt, um an Kredite zu gelangen. Als der Schwindel aufgedeckt wurde, verloren die investierten Banken wie American Express, Bank of America, Bank Leumi und andere Handelsgesellschaften 150 Millionen US-Dollar an Krediten. American Express verlor mehr als 50 Prozent des Aktienkurses, da das Finanzunternehmen mit 58 Millionen der größte Anteilsnehmer war. Warren Buffett wusste, dass die Investoren hart auf diesen Skandal reagieren, jedoch nicht wie die Kunden dies tun würden. Aus diesem Grund beobachtete er an Kassen von Restaurants, wie die Endkunden American Express Kreditkarten nutzen. Diese verwendeten die Karte nicht vermehrt oder weniger. Somit investierte Warren sofort 13 Millionen US-Dollar in das Unternehmen. Innerhalb von zwei Jahren verdoppelte sich der Wert des Unternehmens. [1] [4]

Warren Buffett erzielte ungefähr 24.5 Prozent Gesamtrendite mit seiner Buffett Partnership. Trotz dieses großen Erfolges gab Warren 1969 bekannt, dass er diese Partnerschaft kündigte. In den Jahren zuvor gab es eine Flut von Fusionen, welche auf falschen Buchhaltungen und irreführenden Menschen beruhten. Es war die Zeit der Scharlatane, welche sich an der Wall Street durchsetzten und viele Anhänger fanden. Das Jahr 1968 war Warrens bisher bestes Jahr. Jedoch konnte er keine Schnäppchen mehr finden und schloss 1969 das Unternehmen. [5]

2.2. Berkshire Hathaway

1889 wurde in Adams die Berkshire Cotton Manufacturing gegründet. Dabei bildeten zwei Brüder eine hochmoderne Baumwollspinnerei. Es lief sehr gut für Berkshire. Aus diesem Grund wurden 1890 und 1900 noch drei weitere Spinnereien eröffnet. 1929 galt das Unternehmen als größtes Textilfabrik von Neuengland (USA). Das Geschäft lief so gut, dass es die Bevölkerung aus Adams vor den schlimmsten Folgen der Weltwirtschaftskrise schützte. Im Jahre 1929 fusionierten die Firmen Valley Falls und Berkshire Cotton Manufacturing. Gemeinsam wurden sie Berkshire Fine Spinning Associates. Auch während dem Zweiten Weltkrieg boomte es. Jedoch geriet das Unternehmen durch die strenge Wirtschaft nach dem Krieg ins Straucheln. Die Löhne in Massachusetts lagen unter dem nationalen Durchschnitt der Vereinigten Staaten. Dies half jedoch nicht, die Arbeitsplätze zu sichern. 1955 fusionierten die beiden Textilunternehmen Berkshire Fine Spinning und Hathaway Manufacturing. Die neu entstandene Firma Berkshire Hathaway war mit mehr als 12'000 Mitarbeitern und 15 Werken riesig. Innerhalb von fünf Jahren schloss das Unternehmen sieben dieser fünfzehn Werke. Somit musste eine beträchtliche Zahl von Mitarbeitern entlassen werden. Dies war ein kleiner

Schritt von Massachusetts in der Deindustrialisierung zu einem auf den Dienstleistungssektor fokussierten Staat. Die Analysten hatten das Interesse an der Branche und am Unternehmen verloren. Somit war der Aktienkurs sehr niedrig. Warren Buffett war der Ansicht, dass der innere Wert des Unternehmens viel höher war, als der Preis des Unternehmens. Somit begann er mit 30 Jahren Aktien von Berkshire Hathaway zu kaufen. 1964 begann Warren zu glauben, dass das Textilgeschäft zurückgeht und wollte somit verkaufen. Der damalige Leiter Jack Stanton, welcher den Posten seines Vaters übernahm, wollte Warrens Beteiligungen abkaufen. Mündlich bot er ihm 11.50 US-Dollar pro Aktie. Dies nahm Warren an. Jedoch wurde Warren sehr wütend, als er die schriftliche Bestätigung mit 11.00 US-Dollar pro Stück erhielt. Er verzichtete auf den Verkauf. Daraufhin kaufte er mehr Aktien des Unternehmens, bis er die Kontrolle hatte und schmiss Jack Stanton raus. [6] [7]

Ab 1965 versuchte Warren Buffett und der Geschäftsführer Ken Chance 20 Jahre lang die Textilfabriken in Neuengland auf Vordermann zu bringen und wieder schwarze Zahlen zu schreiben. Textilien sind Massenware und somit ist es schwer, sich von ausländischen Konkurrenten abzuheben. Er musste sich zwischen zwei Möglichkeiten entscheiden. Entweder hätte er sehr viel Geld in seine Textilsparte investieren können, um annähernd konkurrenzfähig zu bleiben, oder aber er hätte die ganze Sparte langfristig fallen lassen müssen. Dies war eine sehr harte Entscheidung, jedoch konnte auch mit den Investitionen keine Marktführung erlangt werden, da das Ausland deutlich niedrigere Stundenlöhne hatte. Im Jahr 1985 musste Warren die Textilsparte schließen. [1]

2.3. Berkshire Hathaway wird zum Konglomerat

Für fast 9 Millionen US-Dollar kaufte Berkshire Hathaway im Jahr 1967 die umlaufenden Aktien von zwei Versicherungsgesellschaften, National Fire & Marine Insurance Company und National Indemnity Company. Beide haben den Sitz in Omaha. 1965 erlangte Warren Buffett die Mehrheit an Berkshire Hathaway. Damals besaß das Unternehmen Wertpapiere von anderen Unternehmen im Wert von 2.9 Millionen US-Dollar. Am Ende des Jahres konnte Buffett den Bestand auf 5.4 Millionen US-Dollar erhöhen. Der Umsatz aus diesen Wertpapieren war dreimal so hoch wie der Umsatz aus Berkshire Hathaways Textilabteilung. Und dies obwohl das Kapital der Textilsparte 10-mal so groß war wie das Kapital aus den Aktien. In den darauffolgenden Jahren konnte Berkshire Hathaway Anteile an Geico erwerben. 1991 konnte Buffett die Hälfte an umlaufenden Aktien aufweisen. 1993 wurde dann für 2.3 Milliarden US-Dollar die ganze Firma übernommen. Im Jahre 1998 kaufte Warren Buffett für 16 Milliarden US-Dollar den Rückversicherer General Re. Dies war bis dahin sein größter Erwerb. Die Holdinggesellschaft ist in drei Hauptteile aufgeteilt. Der erste Teil ist Versicherungen (Insurance Operations), der zweite Teil ist regulierte und kapitalintensive Unternehmen (Regulated Capital-Intensive Businesses) und zum dritten Teil gehören Produktions-, Dienstleistungs- und Einzelhandelsunternehmen (Manufacturing, Services and Retailing Operations). [1]

3. Warren Buffett

Von außen betrachtet, sieht Warren Buffett eher wie ein Opa aus, als einer der größten Investoren und Unternehmer der Zeitgeschichte. Seine Bodenständigkeit und sein eher unkomplizierter Umgang mit anderen Menschen lassen ihn sehr sympathisch wirken. Er gilt als direkt, offen und ehrlich. Das Komplizierte versucht er zu meiden und begrüßt das Einfache. Um Buffett besser kennen zu lernen, lohnt sich ein Blick in die Jahresberichte von Berkshire Hathaway. Diese sind zwischen 60 und 100 Seiten lang, ohne Fotos und Grafiken. Dem Leser wird einfach, ehrlich und mit Humor erklärt, was positiv und was negativ bei Berkshire Hathaway gelaufen ist. Er ist der Annahme, dass die Aktionäre von Berkshire genau so viel wissen möchten, wie er es tut, wenn er in ihrer Haut stecken würde. Das Unternehmen Berkshire Hathaway spiegelt Warren Buffetts Persönlichkeit und seine Philosophie wider. Berkshire sieht durch seine Größe sehr kompliziert aus, ist aber sehr simpel gestrickt. [1]

3.1. Der Erfolg

Im Jahr 2014 veröffentlichte Frederik Vanhaverbeke ein Buch namens Excess Returns. In diesem werden die besten Investoren und Trader aufgezeigt. Dabei hat Warren Buffett über einen Zeitraum von 57 Jahren eine Jahresrendite von ca. 19 Prozent erreicht. Der Value Investor Shelby Davis konnte im Vergleich in 45 Jahren eine Rendite von 16 Prozent erreichen. [8] Warren Buffett vergleicht in den Jahresberichten von Berkshire Hathaway seine Leistung mit dem S&P 500 Total Return Index. Standard & Poor's

500 Total Return Index ist ein Performance Index, welcher die 500 größten börsennotierten US-amerikanischen Unternehmen umfasst. Total Return bedeutet, dass die Dividenden und sonstigen Ausschüttungen in sich selbst reinvestiert werden. Dieser Index konnte bis Ende 2018 über den Zeitraum von 50 Jahren eine Leistung von 6.6 Prozent aufweisen. Somit hat Buffett den Markt um mehr als das Doppelte geschlagen.

3.2. Den Markt schlagen

Die Markteffizienzhypothese besagt, dass die Finanzmärkte effizient sind. Somit fließen vorhandene Informationen schnellstmöglich ein. Die einzelnen Aktien und Märkte zu analysieren sei Zeitverschwendung. Die verfügbaren Informationen sind schon in Angebot und Nachfrage eingeflossen und spiegeln sich im Preis wider. Somit kann keine Aktie günstig oder teuer sein. Der Erfolg von Warren Buffett und anderer Top-Investoren zeigt jedoch ein anderes Bild. Die Markteffizienzhypothese ist somit falsch. Wissenschaftler bezeichnen dies jedoch als statistisch seltenes Phänomen. Nehmen wir an, es gibt ein Unternehmen A und B. Jedes Jahr müssen mehrere Personen neu entscheiden, in welches der beiden Unternehmen sie investieren. Jedoch kann nur eines der beiden Unternehmen 100 Punkte gewinnen und an die Personen weitergeben. Personen, die falsch wetten, fliegen raus. Nach mehreren Jahren gibt es nur noch wenige Personen, die das Spiel mitspielen, die aber jedoch sehr viele Punkte gesammelt haben. Dies könnte auch im Markt geschehen, jedoch auf eine viel komplexere Art.

Schlussendlich ist entweder die Markteffizienzhypothese falsch oder Warren Buffett ein statistisches Wunder. Vielleicht ist es auch beides. Nichtsdestotrotz ist es spannend, Warren Buffett zu analysieren.

4. Die Bewertungsmethoden

Für Warren Buffett spielt es keine grundsätzliche Rolle ein Unternehmen in Form von Aktien oder komplett zu besitzen. Natürlich zieht er es vor, wunderbare Unternehmen als Ganzes in seinem Portfolio zu haben. Wenn Buffett das Unternehmen gehört, dann kann er dieses auch versteuern. Jedoch ist der Aktienmarkt größer und es lassen sich eher Schnäppchen finden. [1]
Die Warren Buffett-Methode bewertet Unternehmen nach folgenden Prinzipien.

Unternehmensbewertung
- Einfach und verständlich
- Konstante Vorgeschichte
- Langfristige Aussichten - Burggraben

Managementbewertung
- CEO-Vergötterung
- Rationales und sachliches Management
- Ehrlichkeit des Managements
- Nachahmen wie Lemminge

Finanzkennzahlen
- Rendite
- Owner Earnings
- Sicherheitsmarge
- Marktwertschöpfung
- Cash
- Dividenden und Rückkauf von Aktien

Marktbewertung

- Marktwert – Mr. Market
- Abschlag
- Antizyklisch
- Zigarettenstummel

4.1. Unternehmensbewertung

Einfach und verständlich

Der finanzielle Erfolg von Buffett hängt davon ab, wie gut er die Unternehmen versteht, in welche er investiert. Dies unterscheidet Buffett von den meisten Tradern an der Börse.

Buffett bzw. Berkshire Hathaway besitzen haufenweise Unternehmen aus vielen verschiedenen Branchen. Einige der Unternehmen besitzt Berkshire komplett und andere nur teilweise. Jedoch weiß Warren Buffett haargenau, wie all diese Unternehmen funktionieren. Dies schafft Buffett nur, weil er seine Auswahl auf Unternehmen beschränkt, welche er intellektuell versteht. Sein Investmenterfolg hängt davon ab, wie realistisch identifiziert wird, was er nicht weiß. Aus diesem Grund investiert Buffett nur in Unternehmen, welche einfach und verständlich sind. Es ist keine Schande wunderbare und erfolgreiche Investments zu verpassen, die man nicht versteht. Es ist jedoch bedenklich, haufenweise wunderbare Investments zu verpassen, die man gut versteht. [9] [1]

Konstante Vorgeschichte

Buffett meidet es, Unternehmen zu kaufen, welche im Moment unternehmerische Probleme lösen müssen oder grundsätzlich die Richtung ändern. Dabei ist ihm aufgefallen, dass die größte Rendite erzielt wird, wenn Unternehmen seit mehreren Jahren dasselbe Produkt oder dieselbe Dienstleistung vertreiben. Große Veränderungen verursachen oft größere unternehmerische Fehler. Viele Menschen werden von Investments von schnell wandelnden Branchen oder Unternehmen angelockt, die mitten im Strukturaufbau bzw. in der Umstrukturierung stecken. Sei es die mediale Aufmerksamkeit oder das Träumen. Aus irgendeinem Grund investieren Menschen lieber in das Morgen, als in die heutige geschäftliche Realität.

Von sogenannten heißen Tipps lässt Buffett die Finger. Er ist mehr interessiert an Unternehmen, von denen er glaubt, dass diese langfristig profitabel und erfolgreich bleiben. Wenn ein Unternehmen langjährig mit dem gleichen Portfolio konstante Umsätze und Gewinne aufzeigt, dann ist es empfehlenswert anzunehmen, dass der Erfolg weitergeht.

Unternehmen, die im Moment größere Probleme lösen müssen, meidet Buffett. Er glaubt, dass es den Firmen nur selten gelingt, diese zu lösen.

Es ist langfristig lukrativer in Unternehmen zu fairen Preisen zu investieren, als Unternehmen mit Problemen, zu einem günstigen Preis. [1]

"Wir haben nicht gelernt, schwierige Probleme im Geschäftsleben zu lösen. Was wir gelernt haben, sind die Probleme zu vermeiden." [10]

Warren will damit sagen, dass Sie nicht in ein Unternehmen investieren sollten, welches gut ist, aber ein anhaltendes Problem hat. Versuchen Sie lieber in ein Unternehmen ohne Probleme zu investieren.

Langfristige Aussichten - Burggraben

Laut Warren Buffett gibt es eine kleine Gruppe großartiger Unternehmen und eine enorm größere Gruppe schlechter Unternehmen, welche nicht kaufenswert sind. Ein großartiges Unternehmen definiert sich zum einen durch Produkte oder Dienstleistungen, welche gebraucht oder gewünscht werden, zum anderen gibt es keinen ähnlichen Ersatz für diese. Außerdem sind diese Produkte oder Dienstleistungen nicht reguliert. Durch diese Eigenschaften wird der Preis gehalten und teilweise auch erhöht, ohne Marktanteile zu verlieren. Als Beispiel dient Apple mit dem iPhone. Der Preis des iPhones wurde ständig erhöht, ohne dass Apple durch dieses Vorgehen Marktanteil verliert. Außerdem gibt es Konkurrenten, aber trotzdem ist das iPhone einzigartig.

Durch diese Eigenschaft kann das Unternehmen wunderbare Umsatzrendite erzielen. Buffett achtet auf den langfristigen Wettbewerbsvorteil und die Dauerhaftigkeit dieses Vorteiles. Diesen Vorteil nennt Buffett einen Burggraben. Etwas, was der Firma einen klaren Vorteil gegenüber der Konkurrenz verleiht. Umso breiter der Burggraben ist, desto haltbarer ist die Burg gegenüber Feinden. Am liebsten, so Buffett, ist ihm eine große Burg und ein breiter Burggraben mit Piranhas und Krokodilen.

Andersherum bietet ein schlechtes Unternehmen ein Produkt an, welches sich kaum von der Konkurrenz unterscheidet. [1]

4.2. Managementbewertung

Nach Buffett ist es deutlich schwerer Manager zu beurteilen als die finanzielle Lage des Unternehmens, da Menschen komplexer sind als Zahlen. Das Motiv, ein Managment zu bewerten, liegt darin, dass Frühwarnsignale dadurch für die spätere finanzielle Performance entstehen. Wenn das Management genauer betrachtet wird, dann werden Hinweise und Signale gefunden, lange bevor diese sich in Jahresberichten oder in Zeitungen zeigen. Doch wie gelangt man an die Information des Managements? Es sollen Jahresberichte bis einige Jahre in die Vergangenheit gelesen werden und besonders auf die Strategie der Zukunft geachtet werden. Danach werden die vergangenen Pläne mit den heutigen Resultaten verglichen. [1]

CEO-Vergötterung

«Investiere nur in ein Unternehmen, das auch ein Dummkopf führen könnte. Früher oder später wird es dazu kommen.» Warren Buffett hält nichts von der CEO-Vergötterung. Die Leistung des CEOs (Geschäftsführers) ist viel stärker abhängig von dem Unternehmensboot, in dem der CEO sitzt, als von seinen Ruderkünsten. [10]

Rationales und sachliches Management

Buffett selbst möchte mit seiner Politik und seiner Kommunikation die Aktionäre von Berkshire Hathaway informieren und rationales Verhalten fördern. Dies soll dann zu einem rationalen Aktienkurs führen. Er ist der Meinung, dass eine Überschätzung, als auch eine Unterschätzung schlecht ist. Als Buffett in die Geschäftswelt eingetreten ist, dachte er, dass intelligente und erfahrene Manager automatisch rationale Entscheidungen treffen. Vielmehr zieht die Vernunft oft den Kürzeren. Buffett schaut genau darauf, ob ein Manager rational, gedankenlos oder emotionsgetrieben handelt.

Es macht sachlich Sinn, wie sich das Unternehmen ausrichtet. Gute Beispiele dafür sind Unternehmen, die sich von einem Markt in einen total anderen Markt diversifizieren. Wie ein Whisky-Hersteller, welcher sich zu einem Konglomerat erweitert, in dem er sich zusätzlich in der IT-Branche stark macht, nur weil es gerade einen Trend gibt. [1]

Ehrlichkeit des Managements

Buffett legt einen hohen Wert auf Manager, die über ihre Finanzen ihres Unternehmens vollständig und richtig berichten. Ihre Fehler zugeben, wie auch ihre Erfolge. Besonders achtet er auf Manager, die die Leistung ihres Unternehmens vermitteln, ohne sich hinter der Rechnungslegungsgrundsätzen, wie zum Beispiel GAAP zu verbergen. Somit nur melden, was gemeldet werden muss.

Besondere Hochachtung hat Buffett vor Managern, welche den Mut besitzen, Fehler zuzugeben. Jedem passiert einmal ein Fehler, die Frage ist nur, ob dieser zugegeben, vertuscht oder abgeschoben wird.

Ein Großteil aller Jahresberichte seien Schwindel, so Buffett. Er meint hier nicht die Rechnungslegung, sondern die Verheimlichung und der übertriebene Optimismus. Aus diesem Grund ist Buffett sehr offen bei den Jahresberichten von Berkshire Hathaway was die Leistung des Managements angeht. Er gibt auch gerne Mal zu, wenn er selbst einen Fehler gemacht hat oder jahrelang blind war und offensichtliche Dinge nicht wahrhaben wollte. In den Jahresberichten von Berkshire gibt es das Kapitel „Aktuelle Fehler". In dem berichtet Buffett über die Fehler, welche er und sein Management begangen haben, aber auch verpasste Chancen, die ihm entgangen sind, weil er es verschlafen hat.

Natürlich ist es sehr speziell, der Öffentlichkeit seine Fehler zu gestehen. Buffett ist der Hauptaktionär von Berkshire und muss somit keine Angst haben, herausgeworfen zu werden. Er macht dies, weil er das auch von seinen Tochterunternehmen verlangt. Zusätzlich ist er der Meinung, dass Ehrlichkeit den Aktionären als auch dem Management selbst zugutekommt. Es ist wichtiger für Manager, Fehler zu studieren, anstelle sich nur auf Erfolge zu konzentrieren. [1]

Nachahmen wie Lemminge

Viele große Fehler sind Management-bedingte Entscheidungen. Dies, so Buffett, beruht auf dem sogenannten „in-
stitutionellen Zwang": Die Tendenz der Manager blind-
lings das Verhalten von gleichgestellten Managern nach-
zuahmen, egal wie dumm das Verhalten auch sein mag.
Wenn die Unternehmen A, B, C und D das Gleiche machen, dann ist es nicht verkehrt, das Gleiche zu tun. Das
Nachahmen wie Lemminge hat zwei Enden. Entweder liegen alle richtig oder alle falsch. Buffett hat großen Respekt
vor Managern, die auch gerne einmal einen anderen Weg
einschlagen als ihre Konkurrenten. [9] [1]

4.3. Bewertung der Finanzkennzahlen

Rendite

Die Kapitalrendite und die Umsatzrendite geben an, was
zum Schluss im Verhältnis übrig bleibt. Viele Investoren
interessiert nur der Gewinn, also der Betrag der übrig
bleibt. Buffett interessiert hingegen das Verhältnis. Er ist
dabei recht zufrieden ein Wertpapier zeitlich unbegrenzt
zu halten, solange die zu erwartende Rendite auf das Ei-
genkapital und Umsatz befriedigend ist. Wenn Unternehmen überschüssigen Gewinn einbehalten, dann nützt dies
Anlegern nur dann, wenn das Unternehmen die Renditen
beibehalten kann. Anders gesagt nur dann, wenn jeder
aufgewendete Dollar mehr als einen Dollar langfristigen
Marktwert schafft. Unternehmen, die eine niedrigere Rendite aufweisen und zusätzlich Finanzmittel benötigen,
schaden letztendlich dem Anleger. Abgesehen vom Preis
ist das Beste Unternehmen, welches ein Investor besitzen

kann, eines, welches über einen längeren Zeitraum große Mengen zusätzliches Kapital zu sehr hohen Renditen verwenden kann. Leider ist dies schwer zu finden, da die meisten Unternehmen mit guter Rendite sehr wenig Kapital benötigen. Aktionäre profitieren meist am besten, wenn diese Unternehmen den Gewinn als Dividenden zurückzahlen oder Aktienrückkäufe tätigen. [9]

Owner Earning

Die Owner Earnings sind die Eigentümereinkommen eines Unternehmens. Dieser Begriff wurde von Warren Buffett im Jahresbericht 1986 zum ersten Mal definiert. Dabei stellen die Owner Earnings den Wert eines Unternehmens dar, in dem die Abschreibung zum Bruttogewinn dazu addiert werden und die durchschnittlichen jährlichen Reinvestitionskosten in Sachanlagen wie Produktionsanlagen, Maschinen etc. abgezogen wird. Die Owner Earnings werden dann durch die Anzahl umlaufender Aktien geteilt. Somit stehen die Owner Earnings im Verhältnis zum Aktienkurs. [9]

Sicherheitsmarge

Ein Investor muss nur sehr vereinzelte Dinge richtig machen, solange er keine großen Fehler macht. Aus diesem Grund legt Buffett einen Wert auf die Sicherheitsmarge. Wenn der Wert einer Aktie nach den Berechnungen von Berkshire nur knapp über dem Preis der Aktie liegt, dann ist Buffett an dem Kauf nicht interessiert. Er hält das Prinzip der Sicherheitsmarge, welches Benjamin Graham betont hatte, für die Grundlage des erfolgreichen Investors. [9]

Buffett hält fest, dass es nicht ausreicht, sich auf Unternehmen zu konzentrieren, die verständlich sind, wirtschaftlich dauerhaft tragfähig und von guten Managern geführt werden. Es muss zu vernünftigen Kursen gekauft werden und das Unternehmen muss die eigenen Erwartungen treffen. Buffett möchte nicht nur überdurchschnittliche Rendite erzielen, sondern diese auch zu einem Preis kaufen, welcher fair oder unter ihrem Wert liegt. Benjamin Graham lehrte ihn, Aktien nur dann zu kaufen, wenn diese eine Sicherheitsmarge aufweisen.

Die Sicherheitsmarge hat zwei Vorteile: Zum Ersten schützt sie vor der Gefahr der Kursrückgänge. Zum Zweiten bietet sie außerordentliche Aktienrendite. Buffett rechnet den Wert des Unternehmens für sich aus und vergleicht diesen mit dem Preis. Wenn der Preis des Unternehmens nur leicht über dem berechneten Wert liegt, dann kauft er dieses Unternehmen nicht. Dabei geht er von folgender Überlegung aus: Wenn der Cashflow in einem Jahr nur leicht einsackt, dann fällt der Preis des Unternehmens vielleicht auch. Wenn jedoch die Sicherheitsmarge groß genug ist, dann ist das Risiko geringer, dass der innere Wert schrumpft.

Wenn Buffett ein Unternehmen mit Abschlag bzw. Sicherheitsmarge kauft und das Unternehmen langfristig mit überdurchschnittlichen Renditen wächst, verdient er eine Art Bonus. [1]

Marktwertschöpfung

Mit jedem vom Unternehmen einbehaltenen Dollar muss mindestens ein Dollar Marktwert für die Aktionäre geschaffen werden. [9]

Unternehmen können Geld als Dividenden auszahlen, Aktien zurückkaufen, Geld für Übernahmen von Unternehmen anhäufen oder neue Investitionen tätigen. Letztendlich sollten die Unternehmen keine Geldvernichtungsmaschinen sein. Sie sollten entweder Mehrwert schaffen oder dies an ihre Aktionäre auszahlen.

Wenn ein Unternehmen mit guten, langfristig wirtschaftlichen Aussichten und kompetentem Management gewählt wurde, müsste sich dies in dem Marktwert des Unternehmens widerspiegeln. Ein Unternehmen, das seine Gewinne einbehält und unproduktiv verwendet, wird früher oder später vom Markt durch niedrige Preise bestraft. Jedoch wird der Markt das Unternehmen belohnen, wenn es überdurchschnittliche Rendite aus dem erhöhten Kapital schlägt.

Der Aktienmarkt gibt den Marktwert der Unternehmen langfristig gut wieder, jedoch schwankt er in gewissen Jahren sehr, da es noch andere Gründe wie den Wert gibt. Aus diesem Grund hat Buffett die 1-Dollar-Regel erfunden: Jeder einbehaltene Dollar des Unternehmens muss mindestens einen Dollar Marktwert für die Aktionäre schaffen. Dies wird nur geschehen, wenn der einbehaltene Gewinn, bzw. das neue Kapital zusätzliche Gewinne produziert, welche ebenso hoch oder höher sind.

Nehmen wir an, ein Anleger besitzt ein Sparkonto mit zehn Prozent Zinsen. Dies ist aus heutiger Sicht nicht realistisch, doch spiegelt den Aktienmarkt wider. Jedes Jahr kann der Anleger entscheiden, ob er die 10 Prozent ausbezahlt oder diese wieder für die gleichen Randbedingungen reinvestiert. Diese wären der Zinseszins. Für ein Unternehmen bedeutet dies, dass es stetig wächst und einen höheren Marktwert schöpft. [1] [9]

Cash

Bei einem gesunden Unternehmen gilt Cash als unproduktives Asset, das minimiert werden sollte. Dieses belastet teilweise die Eigenkapitalrendite. Jedoch ist Cash für ein Unternehmen wie der Sauerstoff für einen Menschen. Der Mensch denkt nie an Sauerstoff, wenn dieser da ist, aber wenn er fehlt, dann wird an nichts anderes gedacht. [9]

Dividenden und Rückkauf von Aktien

Unternehmen sollten den Gewinn einbehalten, wenn dieser den Börsenwert mindestens um den einbehaltenen Wert steigert. Ansonsten sollten Unternehmen den Gewinn an die Aktionäre auszahlen, so Buffett. Rückkäufe eigener, unterbewerteter Aktien können eine Möglichkeit sein, um Gewinne auszuzahlen. Wenn es weniger Aktien im Umlauf hat und die Nachfrage bleibt, dann steigt automatisch der Wert der Aktie. Falls das eigene Unternehmen überbewertet wurde, dann lohnt sich die Auszahlung per Dividende. Leider kommt es heute vermehrt vor, dass ein Unternehmen Aktien zum Preis von zwei Dollar zurückkauft, die einen Dollar Wert sind. Bei dieser Methode geht es darum, sinkende Aktienkurse zu retten. Dies schadet dem Unternehmen nur. [9]

4.4. Marktbewertung

Marktwert - Mr. Market

Wenn Warren Buffett und sein Partner Charlie Munger investieren, dann sehen sie sich als Unternehmensanalysten und nicht als Börsenanalysten. Bei einer Transaktion gehen sie vor, als ob sie eine Privatfirma kaufen. Die wirtschaftlichen Aussichten des Unternehmens, die Geschäftsführer und der Preis werden betrachtet. Jedoch wird nicht daran gedacht, wann und zu welchem Preis wir verkaufen wollen. Buffett ist bereit, eine Aktie bzw. ein Unternehmen für unbegrenzte Zeit zu halten, solange das Unternehmen seinen inneren Wert zufriedenstellend steigert.

Somit ist der Preis des Unternehmens oder der Aktie nur im kleinen Rahmen relevant. Der aktive Tradingmarkt macht es Buffett einfach, immer wieder an Schnäppchen zu gelangen.

Warren Buffetts Lehrer und Freund Benjamin Graham hat die mentale Einstellung des Marktes vor langer Zeit beschrieben. Dabei wird der Markt als Person namens Mr. Market dargestellt. Dieser erscheint jeden Tag und nennt ihnen einen Preis. Obwohl ein Unternehmen stabile Werte aufweist, sind die Preise des Mr. Market alles andere als stabil. Manchmal fühlt sich Mr. Market euphorisch und verhimmelt das Unternehmen. Der Preis des Unternehmens wird sehr hoch angesetzt. An anderen Tagen hat Mr. Market eine gedrückte Stimmung und der Preis des Unternehmens rasselt in den Boden. Eine weitere Eigenschaft ist, dass Mr. Market sehr vergesslich ist. Er weiß morgen nicht mehr, dass Sie ihn heute ablehnen.

Somit werden Unternehmen bewertet und gekauft, wenn diese vom Mr. Market zu einem fairen Preis angeboten werden.

Bei einem müssen Sie jedoch sicher sein: Wenn Sie nicht wissen, ob Sie ihr Unternehmen besser verstehen als Mr. Market, dann sollten Sie besser nicht an dem Spiel teilnehmen. [9]

Antizyklisch

«Ein Klima der Furcht ist Ihr Freund beim Investieren; eine euphorische Welt ist Ihr Feind.» [9]

Schon Benjamin Graham hat Warren Buffett beigebracht, dass Aktien in das Portfolio aufgenommen werden sollen, wenn der Gesamtmarkt niedrig ist. Wenn Sie wie alle investieren, dann werden Sie auch nie besser als der Durchschnitt sein. Bei antizyklischem Verhalten werden Sie zu Schnäppchen gelangen und verkaufen, wenn der Markt Ihnen einen großzügigen Preis zahlt.

Zigarettenstummel

Ab und zu bietet sich die Gelegenheit, eine Aktie zu einem niedrigen Preis zu kaufen. In der Regel wird ein Ereignis im Schicksal des Unternehmens auftreten, mit der Chance einen ordentlichen Gewinn zu verkaufen. Dies obwohl die langfristige Performance des Unternehmens düster aussieht. Dies nennt Buffett einen Zigarettenstummel. Einen Zigarettenstummel, welcher auf der Straße gefunden wird und nur noch einen Zug zu bieten hat. Der günstige Kauf lässt aus diesem einzigen Zug uneingeschränkte Gewinne schlagen.

Zigarettenstummel sind meist Unternehmen, für welche ihre besten Zeiten vorbei sind und welche in der Öffentlichkeit vergessen wurden. Zum Beispiel ist es möglich, ein Unternehmen für 8 Millionen US-Dollar zu kaufen und dieses für 10 Millionen US-Dollar zu liquidieren. Das heißt, sie schließen das Unternehmen und verkaufen alle Maschinen, Immobilien und andere Sachanlagen. Diese Methode würde Buffett heute nicht mehr durchführen. Dies hat zwei Gründe. Zum einen ist Berkshire Hathaway so groß, dass ein aufgenommenes Zigarettenstummel-Unternehmen keine Bedeutung im Milliarden-Portfolio hat. Der Wert von Zigarettenstummel ist in den meisten Fällen sehr klein und Buffett hat keine Zeit, sich darum zu kümmern. Außerdem ist es Buffett sehr wichtig, einen guten Ruf zu haben. Er möchte selbst als Lehrer in Erinnerung bleiben. Unternehmen, die am Boden sind, aufzunehmen und die Mitarbeiter und Firma auszuquetschen, ist keine schöne Angelegenheit. Dies passt auch nicht mehr zum Bild von Warren Buffett. Trotzdem wird diese Methode heute noch von anderen Investoren angewendet und kann zum Erfolg führen. [9]

4.5. Arbitrage

Arbitrage ist keine Methode, um ein Unternehmen zu bewerten, es dient jedoch Berkshire Hathaway, um erfolgreich zu sein. Dabei sind Arbitrage Börsengeschäfte, welche den Preisunterschied zwischen verschiedenen Märkten zum Gegenstand der Gewinnerzielung machen.

Berkshire Hathaway, die Firma von Warren Buffett, hat oft mehr Geld als gute Ideen. Arbitrage verspricht manchmal mehr Rendite als kurzfristige Staatsanleihen. Wichtiger ist jedoch, dass die Arbitrage die Versuchung löst, von langfristigen sorgfältig ausgewählten Investments auf kurzfristige Investments zu wechseln. Buffett kann Monate oder sogar Jahre damit verbringen, Cash durch Dividenden anzusparen, ohne ein geeignetes Investment zu finden. In dieser Zeit sollte das angesammelte Geld trotzdem einen Mehrwert schöpfen. Dies ist keine Methode für extrem hohe Renditen, jedoch eine Möglichkeit, Cash eine Arbeit zu geben. Im Großen und Ganzen gehört Arbitrage jedoch zum Erfolgsrezept von Buffett dazu. [9]

5. Außergewöhnlich

Warren Buffett ist nicht nur ein außergewöhnlicher Investor, auch andere Dinge zeichnen ihn aus.

5.1. Spenden

2006 verkündete Warren Buffett, dass er 99 Prozent seines Vermögens spenden möchte. Dabei möchte er 37.5 Milliarden US-Dollar der Bill- und Melinda-Gates-Stiftung schenken. Laut der Washington Post ist dies die größte Summe, die je ein Mensch für Wohltätigkeit ausgegeben hat. Im Jahre 2006 spendete Buffett erstmals 1.5 Milliarden US-Dollar. Er hat natürlich das Ziel, sein Geld noch weiter zu mehren. Die Kinder von Buffett müssen sich mit jeweils einigen hundert Millionen US-Dollar zufriedengeben. Warren war stets ein Gegner von vererbten Milliardärs-Kindern. Die Stiftung seines guten Freundes Bill Gates ist mit einem Kapital von über 27 Milliarden US-Dollar die weltweit größte Wohltätigkeitsorganisation. Gates hat sich aus dem operativen Geschäft von Microsoft zurückgezogen, um sich stärker um die Stiftung zu kümmern. Die Stiftung ist weltweit aktiv im Kampf gegen Krankheiten wie Malaria, Aids und gegen Bildungsnot. [11]

5.2. Essen mit dem Starinvestor

Die Glide Foundation ist eine Wohltätigkeitsstiftung in Kalifornien. Das Ziel der Wohltätigkeitsstiftung ist es, eine grundlegend offene, gerechte und liebevolle Gemeinschaft in San Franciso und Kalifornien, in dem die Stiftung Hunger, Armut und Obdachlosigkeit bekämpft, zu schaffen. Dabei findet in Zusammenarbeit mit Warren Buffett jährlich eine Auktion auf eBay statt. Hierbei kann der Höchstbietende sich über ein Mittagessen mit dem Starinvestor Warren Buffett freuen. Dieses Essen kann die ideale Gelegenheit bieten, mehr über Buffetts Strategien und größte Deals zu erfahren. Dieses Essen ist jedoch mit großen Kosten verbunden. Warren Buffett nimmt 2019 zum zwanzigsten Mal teil und versteigert ein Mittagessen an den Meistbietenden, um eine seiner Lieblingswohltätigkeitsorganisationen zu unterstützen.

Tabelle 1 zeigt die Höchstgebote der Versteigerung dieser Jahre. [12] [13]

Warren Buffett - Außergewöhnlich

Jahr	Gewinner	Höchstgebot
2000	Anonym	25'000 US-Dollar
2001	Anonym	18'000 US-Dollar
2002	Anonym	25'000 US-Dollar
2003	David Einhorn, Greenlight Capital	250'100 US-Dollar
2004	Jason Choo, Singapur	202'100 US-Dollar
2005	Anonym	351'100 US-Dollar
2006	Yongping Duan, Kalifornien	620'100 US-Dollar
2007	Mohnish Pabrai, Guy Spier, Harina Kapoor	650'100 US-Dollar
2008	Zhao Danyang, Pure Heart Asset Management	2'110'100 US-Dollar
2009	Salida Capital, Kanada	1'680'300 US-Dollar
2010	Ted Weschler	2'626'311 US-Dollar
2011	Ted Weschler	2'626'411 US-Dollar
2012	Anonym	3'456'789 US-Dollar
2013	Anonym	1'000'100 US-Dollar
2014	Andy Chua, Singapur	2'166'766 US-Dollar
2015	Zhu Ye, Dalian Zeus Entertainment Co.	2'345'678 US-Dollar
2016	Anonym	3'456'789 US-Dollar
2017	Anonym	2'679'001 US-Dollar
2018	Anonym	3'300'100 US-Dollar
2019	Justin Sun, Gründer Kryptowährungsunternehmen Tron	4'567'888 US-Dollar

Tabelle 1 Gesammelte Summen für die Wohltätikeitsorganisation [14] [13]

5.3. Medal of Freedom

Am 15. Februar 2011 wurde Warren Buffett durch den Präsidenten Barack Obama die Medal of Freedom verliehen. Dies ist die höchste zivile Auszeichnung, welche in den Vereinigten Staaten verliehen wird. Dabei wird die Medaille für besonders verdienstvolle Beiträge wie (1) den Sicherheits- oder nationalen Interessen der Vereinigten Staaten oder (2) dem Weltfrieden oder (3) kulturellen oder anderen bedeutenden öffentlichen oder privaten Unternehmungen verliehen. Warum Warren Buffett diese Auszeichnung erhalten hat, ist nicht eindeutig. Vermutlich sind es vielerlei Gründe. Buffett war ein großer Befürworter von Obamas Wahlkampf im Jahre 2008. Zudem ist er einer der erfolgreichsten Investoren der Welt, welcher einen großen Teil seines Vermögens für wohltätige Zwecke spendete. Dabei geht der größte Teil seines Vermögens an die Bill und Melinda Gates Stiftung. In einem von der New York Times veröffentlichten Brief lobte Warren Buffett den damaligen Vorsitzenden der US-Notenbank Ben Bernanke und den ehemaligen Präsidenten George W. Bush und weitere Regierungsbeamte für deren Bemühungen. Er schrieb, dass die Entscheidung von der Regierung Vermögenswerte aufzukaufen, was von vielen Investoren als Gift angesehen wurde, habe dazu beigetragen, die Wirtschaft vom Zusammenbruch abzuhalten. Somit wären alle amerikanischen Konzerne wie Dominosteine bereitgestanden, nach der Pleite der Lehman Brothers im Jahr 2008 zu kippen. [3] [15] [16]

6. Mentoren, Freunde und Familie

Es wird gesagt, dass eine Person der Durchschnitt der fünf bis zehn Menschen ist, mit denen die Person am meisten Zeit verbringt. Aus diesem Grund ist es wichtig zu wissen, wer Warren Buffets Mentoren, Freunde und Familie sind.

6.1. Benjamin Graham

Benjamin Graham gilt als der Urvater der Finanzanalyse und des Value Investments. Bekannt geworden ist er durch die zwei Bücher „Intelligent Investieren" und „Die Geheimnisse der Wertpapieranalyse". Natürlich wird heute seine Bekanntheit durch Warren Buffett vergrößert.

Abbildung 2 Benjamin Graham [17]

1914, im Alter von 20 Jahren, graduierte Graham nach seinem Studium in Mathematik, Englisch und Griechisch. Trotz wirtschaftsfremder Ausbildung getraute er sich direkt nach Abschluss an die Wall Street. Zuerst begann er als Bote bei der Brokerfirma Newburger, Henderson & Loeb. Dabei schrieb er für zwölf US-Dollar die Woche Aktienkurse an die Tafel. Später stieg er zum Verfasser von Forschungsberichten auf. Darauf wurde er auch noch Teilinhaber des Unternehmens. Mit 25 Jahren (1919) bezog er ein Jahresgehalt von 600'000 US-Dollar. 1926 gründete er mit Jerome Newman ein Investmentunternehmen. Dieses war auch das Unternehmen, welches später Warren Buffett einstellte. Die Firma Graham-Newman wurde durch den Crash 1929 pleite. Jedoch überlebte sie diesen Crash und wurde erst 1956 aufgelöst, als sich die beiden in den Ruhestand versetzten. An der Universität begann Graham Abendkurse über Finanzwesen zu geben. Dies gab ihm die Möglichkeit, über die Finanzmärkte und Unternehmen nachzudenken und zu analysieren. David Dodd, ein Universitätskollege und ebenfalls Professor an der Columbia Universität, schrieb mit Graham den Klassiker „Die Geheimnisse der Wertpapieranalyse".

Benjamin Grahams Erfolgsrezept war die Methode der Sicherheitsmarge. Dafür gibt es zwei Regeln:

1. Aktien sollten in das Portfolio aufgenommen werden, wenn der Gesamtmarkt niedrig steht. Normalerweise geschieht dies im Rahmen einer Baisse (Abschwung) oder Crash.

2. Eine Aktie sollte dann gekauft werden, wenn eine Aktie unter ihrem inneren Wert gehandelt wird, selbst wenn der Markt nicht günstig ist.

Anleger sollten sich jedoch eher auf die zweite Regel konzentrieren, da die erste Methode eher ermüdend ist, da auf einen Crash gewartet werden muss. Zusätzlich muss immer auf ein negatives Ereignis gehofft werden und das kann schon einmal den einen oder anderen depressiv werden lassen. Aber wie legt man den inneren Wert fest? Der innere Wert wird ermittelt, indem die künftigen Gewinne eines Unternehmens geschätzt und mit einem Kapitalisierungsfaktor multipliziert werden. Dieser hängt von der Stabilität der Gewinne, der Dividendenpolitik und der finanziellen Sicherheit des Unternehmens ab. Dieser wird dann durch die umlaufenden Aktien geteilt und mit dem Preis pro Aktie verglichen. Warren Buffett verwendet diese Methode heute noch, jedoch verfeinert.

Da Graham in seinem Leben schon zwei Mal bankrott war, hat er zwei Regeln für die Geldanlage aufgestellt:
1. Mache keine Verluste.
2. Vergiss die erste Regel nicht.

Diese Regeln verwendet Buffett heute noch und gibt diese auch gerne kund.

Vermutlich hatte Benjamin Graham einen der größten Einflüsse auf Warren Buffetts Investmentkarriere gehabt. Dies ist nicht verwunderlich. Zuerst verschlang Buffett Grahams Bücher, dann wurde er sein Student, sein Mitarbeiter, sein Freund und schließlich gleichwertig. Benjamin Graham starb 1976. [1]

Über Graham hat Buffett folgendes ausgesagt: „Für mich war er mehr als nur ein Autor oder ein Lehrer. Abgesehen von meinem Vater hat er mein Leben mehr beeinflusst als jeder andere Mann. [18]"

6.2. Philip Fisher

Philip Arthur Fisher ist 1907 in San Francisco geboren und litt unter dem Asperger-Syndrom, eine Variante des Autismus. Er besuchte die Stanford Business School, welche seine zukünftige Investmentkarriere prägte. Der damalige Professor des Wirtschaftskurses besuchte regelmäßig Unternehmen in der Region um San Francisco. Dabei sprachen die Manager vor den Studenten über ihre Aktivitäten und ließen sich vom Professor bei aktuellen Problemen helfen. Bei der Rückfahrt besprachen der Professor und Fisher die Probleme der Manager. Laut Fisher war dies einer der besten Ausbildungen, die er absolvierte. 1928 begann Fisher als Wertpapieranalyst bei Anglo London & Paris National Bank in San Francisco zu arbeiten. Aufgrund der schlechten Finanzlage 1929 musste das Unternehmen Insolvenz anmelden. Danach arbeitete er zwischenzeitlich bei einem örtlichen Brokerhaus. 1931 startete Fisher seine eigene Firma: Fisher & Company.

Fisher war der Meinung, dass in Unternehmen investiert werden sollte, welche ein hohes Wachstumspotenzial und kompetentes Management aufweisen. Dabei stellte er eine 15 Punkte-Skala auf, um Unternehmen zu bewerten. Diese teilten sich auf in die Qualität der Unternehmenskennzahlen und dem Management. Fisher wurde besonders von Unternehmen begeistert, welche ihren Umsatz und Gewinne schneller als der Branchendurchschnitt steigern konnten. Er war überzeugt davon, dass dies nur Unternehmen können, deren Dienstleistungen oder Produkte genug Marktpotenzial besitzen. Ihm war jedoch klar, dass ein Gewinnwachstum über mehrere Jahre betrachtet werden muss. Warren Buffett wurde durch Philip Fisher stark beeinflusst. So erzählte Warren einst, dass er zu 85 Prozent Graham und zu 15 Prozent Fisher sei. Als er Fisher zum ersten Mal traf, war er von ihm wie auch von seinen Ideen sehr beeindruckt. Fisher sei ähnlich wie Benjamin Graham: Großzügig, bescheiden und ein außergewöhnlicher Lehrer. [1] [19]

6.3. Charlie Munger

1956, als Warren Buffett seine Investmentkommanditgesellschaft gründete, war er auf der Suche nach Investoren. Als er ein für sich übliches pflichtbewusstes und detailliertes Verkaufsgespräch mit seinem Nachbarn Dr. Edwin Davis und seiner Frau führte, unterbrach ihn Dr. Davis. Er teilte ihm mit, dass er ihm die 100'000 US-Dollar gebe. Buffett fragte verblüfft weshalb. Davis sagte darauf, dass er ihn an Charlie Munger erinnerte. Charlie Munger ist in Omaha, genau wie Warren Buffett aufgewachsen. Teilweise besitzen sie dieselben Freunde und Bekannten. Trotzdem kannten sie sich nicht. Außerdem hatte Charlie in seiner Kindheit im Laden des Großvaters von Warren Buffett gearbeitet. Charlie Munger ist jedoch nach Südkalifornien gezogen. Dieser kam 1959, anlässlich des Todes seines Vaters, nach Omaha zu Besuch. Davis entschied sich, dass Buffett und Munger sich kennenlernen sollten. Bei einem gemeinsamen Essen brachte er die beiden zusammen. Dies war der Start einer außergewöhnlichen Freundschaft und Partnerschaft. [1]

Abbildung 3 Charlie Munger [20]

Charlie Munger gilt als der Kopf hinter Berkshire Hathaway und Buffett als das Gesicht. Dies ist auch als Second Chairman (Stellvertretender Geschäftsführer) naheliegend. Die beiden arbeiten nicht einmal am selben Ort. Früher haben Sie oft miteinander telefoniert. Dies ist jedoch nicht mehr nötig, da Buffett und Mungers sich so gut verstehen, dass Buffett in den meisten Fällen die Meinung von Munger bereits kennt. Charlie Munger ist für Warren Buffetts Anpassung seiner Methoden verantwortlich. Früher hat Buffett nur Unternehmen gekauft, welche mit einem deutlichen Abschlag bzw. sehr günstig zu haben waren. Heute kauft Buffett auch gerne wunderbare Unternehmen zu einem fairen Preis. Es muss nicht immer günstig sein, um ein wunderbares Geschäft zu machen. Langfristig zahlt sich auch ein fairer Preis aus.

6.4. Bill Gates

Letztendlich wird der PC ein Fenster zu allem sein, woran die Menschen interessiert sind.

Bill Gates ist einer der erfolgreichsten Unternehmer des 20. Jahrhunderts. Innerhalb von 25 Jahren baute er ein Zwei-Mann-Unternehmen zu einem milliardenschweren börsennotierten Unternehmen auf. Dies gelang ihm nicht durch die Erfindung neuer Technologien, sondern indem er vorhandene Technologien nutzte, diese an den Markt anpasste und durch geschicktes Marketing, den Markt beherrschte. Dies zeigt, dass Bill Gates ein kleverer Unternehmer ist.

Abbildung 4 MITS Altair 8800 microcomputer [21]

Im Jahre 1974, las Gates eine Zeitschrift über den ersten Mikrocomputer der Welt, den Altair 8800 (siehe Abbildung 4). Gates ruft darauf gleich den Hersteller MITS des Altairs an und bot dem CEO die beliebte Computersprache BASIC an. Als dieser sagte, dass er die Sprache gerne sehen würde, begannen Gates und sein Freund Paul Allen, mit der Arbeit. Sie hatten bis dahin noch keinen Code. Da sie selbst keinen Altair 8800 hatten, mussten sie auf anderen Computern simulieren und hofften, dass es funktionierte. Als es soweit war, lieferten sie die Software dem Kunden. Gates und Allen gründeten Microsoft. Kurz danach brach die Firma MITS zusammen. Microsoft schrieb jedoch bereits Software für andere Computer-Start-up-Unternehmen wie Commodore, Tandy Corp. und Apple. 1979 erfuhr Gates, dass IBM Probleme hatte, ein Betriebssystem für seinen Computer zu erhalten. Daraufhin kaufte Microsoft für 50'000 US-Dollar ein Betriebssystem von einem kleinen Unternehmen aus Seattle. Gates und Allen entwickelten das Betriebssystem zu Microsoft Disk Operating Systems, kurz MS-DOS und lizenzierten es an IBM. Dabei behielt Microsoft die Lizenz auch an andere Computerhersteller zu lizenzieren. Nach der Veröffentlichung des ersten IBM PCs, wurde der Markt überschwemmt mit Klonen. Wie IBM entschieden die Kloner, dass es günstiger ist MS-DOS von der Stange zu kaufen, anstelle ein eigenes Betriebssystem zu entwickeln. Daraufhin wurde MS-DOS zum Standardbetriebssystem der Branche und der Umsatz von Microsoft stieg.

Abbildung 5 Bill und Melinda Gates in Oslo im Juni 2009. [22]

Bill Gates und Warren Buffett haben sich am 5. Juli 1991 zum ersten Mal getroffen, dies auf Bitte von Gates' Mutter. Gates erklärte später, dass er zuerst nicht gehen wollte: Er kaufe und verkaufe nur Zettel, es gibt keinen wirklichen Mehrwert. Gates glaubte nicht, dass er und Buffett viel gemeinsam hätten. Gates hatte sich zwei Stunden für das Treffen Zeit genommen, bevor er sich wieder an die Arbeit machte. Als sie sich trafen, verstanden sie sich sofort. Buffett stellte Fragen, wie das kleine Microsoft sich gegen das große IBM behaupten könne und wie es allgemein in dem Software Business aussieht. Fragen wie diese wurden Gates bis dahin nie gestellt. Bill Gates schrieb einmal über Buffett: «Er war witzig, aber was mich am meisten beeindruckte war, was für eine klare Weltanschauung er hatte. Es war der Beginn einer tiefen Freundschaft von der ersten Konversation weg» [23]. Auf den ersten Blick passen Warren Buffett und Bill Gates nicht zusammen. Gates ist ein

IT-Spezialist und Buffett ein Investor, der weder E-Mails schreibt, noch einen Computer benutzt.

Heute gehört Gates zu Buffetts engstem Freundeskreis. Besonders das voneinander Lernen verbindet sie miteinander. Das Telefon in Gates Büro hat zwei Schnellwahlnummern gespeichert. Die Nummer von zu Hause und die von Warren Buffett. Wenn Buffett Zeit hat, so Gates, dann ist es die Krönung der Woche, mit ihm zu telefonieren. Sie sprechen dann gerne über Unternehmen, Politik und aktuelle Weltgeschehen. Dabei ist die Meinung von Buffett Gates sehr wichtig. Dies beruht wohl auf Gegenseitigkeit, denn Bill Gates ist seit einigen Jahren im Verwaltungsrat von Berkshire Hathaway.

Melinda Gates hat mal gesagt: Warren hat uns gezeigt, mehr zu lernen und mehr zu lachen, was man nicht oft genug im Leben macht.

Bill und seine Frau Melinda gründeten die größte Privatstiftung der Welt. Dabei spendete Warren Buffett den größten Teil seines Vermögens an diese Stiftung. [24] [25] [26]

6.5. Ajit Jain

Ajit Jain wurde 1951 in Orissa Indien geboren und schloss 1972 sein Ingenieursstudium ab. Danach arbeitete er als Verkäufer bei IBM. 1976 wurde er von IBM entlassen, da der Laden schließen musste. Er ließ sich jedoch nicht entmutigen und schloss 1978 seinen MBA an der Harvard University ab. Danach begann er als Berater für McKinsey zu arbeiten. 1981 kündigte er jedoch wieder, da es ihm zu langweilig war. Danach kehrte er nach Indien zurück und heiratete auf Drang seiner Eltern Tinku Jain. Auf Wunsch seiner Frau kehrte er in die USA zu McKinsey zurück. Sein ehemaliger Boss bei McKinsey, Michael Goldberg, lud Ajit Jain ein, ihm zu folgen und bei Berkshire Hathaway zu arbeiten. Er hat bis 1986 nachgedacht, bis er das Angebot annahm. Ajit Jain war ein Anfänger im Versicherungsgeschäft. Jedoch erkannte Warren Buffett schnell, wie grandios Jain ist. 2009 wurde er somit als Geschäftsführer der Rückerversicherungsgruppe von Berkshire Hathaway eingesetzt. Innerhalb von zwanzig Jahren konnte Jain die Rückerversicherungsgruppe auf 34 Milliarden US-Dollar ausbauen, weil er Risiken versicherte, welche andere Unternehmen nicht versichern wollten oder aufgrund ihres Kapitals nicht konnten. [1] [27] [28]

Warren Buffett ist so stark überzeugt von Jain, dass er folgendes im Jahresbericht 2009 äußerte: „Wenn Charlie, ich und Ajit jemals in einem sinkenden Boot sitzen und sie können nur einen von uns retten, dann schwimmen Sie zu Ajit [29]." 2017 wurde Ajit zum Präsidenten der Versicherungsabteilung von Berkshire Hathaway und zum stellvertretenden Vorsitzenden des Aufsichtsrates von Berkshire ernannt. In einem Interview mit CNBC sagte Warren Buffett: Es ist der erste Schritt eines Nachfolgeregelungsplanes. [28]

6.6. Vater - Howard Homan Buffett

In Omaha im Bundesstaat Nebraska wurde im Jahr 1903 Howard Homan Buffett geboren. Er verstarb im Jahre 1964. Ab 1926 war Howard im Investmentgeschäft tätig. Als 1932 die Depression Omaha traf, verlor er seine Stelle als Wertpapierhändler bei der lokalen Bank.

Mit seinen vier Amtszeiten als republikanischer Kongressabgeordneter aus Nebraskas zweitem Distrikt, trat er als Kritiker des inländischen Staatismus und Isolationismus auf. Dies war von 1943 bis 1949 und von 1951 bis 1953. [30] [31] [32]

6.7. Mutter - Leila Buffett

Leila Stahl Buffett wurde am 18. März 1904 in Bancroft im Bundesstaat Nebraska geboren. Sie verstarb am 30. August 1996. Im Alter von 16 Jahren absolvierte sie die Highschool. Sie konnte nicht direkt mit dem College anfangen und musste ihrem Vater in der Zeitungsredaktion helfen. Dabei interviewte sie Reisende, welche den Bahnhof passierten. Daraufhin besuchte sie die Universität von Nebraska in Lincoln, wo sie Howard Homan Buffett traf. Sie heiratete ihn im Jahr 1925. [33] [34]

6.8. Schwester - Doris Buffett

Doris Buffett, geboren am 12. Februar 1928, ist die ältere Schwester von Warren Buffett. Doris heiratete vier Mal und wurde auch vier Mal geschieden. Beruflich arbeitete sie als Verkäuferin. Doris bekam drei Kinder. Sie litt unter Lebensunlust und Depressionen, was dazu führte, dass sie sich von ihren Kindern entfremdete. Am Schwarzen Freitag 1987, als sie 60 Jahre alt war, verlor sie ihr gesamtes Vermögen und stand zusätzlich mit 2.5 Millionen US-Dollar Schulden da. Sie bat ihren Bruder Warren um Hilfe. Dieser verweigerte die Hilfe und versuchte sie mit seinen bekannten Regeln zu belehren: Erste Regel: Verliere niemals Geld. Zweite Regel: Vergesse niemals die erste Regel. Als ihre Mutter neun Jahre später verstarb, erbte Doris Millionen. Sie machte sich damit kein luxuriöses Leben, sondern gründete die Sunshine Lady Foundation. Diese Organisation hilft Menschen, die ohne Verschulden in Not geraten. Der Schwerpunkt der Stiftung liegt heute auf Bildung. Dabei konnten die ersten Gefängnisinsassen ihren Bachelor-Abschluss machen, Dank der finanziellen Unterstützung von Gefängnisschulen (colleges). Doris Buffett will bis zu ihrem Tod ihr ganzes Vermögen gespendet haben. [35]

6.9. Ehefrauen - Susan Buffett und Astrid Menks

1952 heiratete Warren Buffett Susan Thompson. Diese trat gelegentlich in Kabaretts und Theatern als Sängerin auf. Während Susan in einem Restaurant sang, lernte sie Astrid Menks kennen. Diese arbeitete in diesem Restaurant. Danach stellte Susan Warren die neue Bekannte vor. Seit 1974 sind Buffett, Astrid und Susan ein Paar. Zusammen signierten sie auch Weihnachts-Grußkarten und wurden oft in der Öffentlichkeit als Trio gesehen. Diese Beziehung ist sehr untypisch in unserer Gesellschaft, jedoch hat sie funktioniert. 1977 verließ Susan Warren schließlich, um eine Gesangskarriere in San Francisco zu verfolgen. Dies war jedoch kein Grund für eine Scheidung, denn sie hielten noch regen Kontakt. 2003 wurde Susan mit Mundkrebs diagnostiziert und verstarb 2004. Warren Buffett war so bestürzt, dass er an der Beerdigung nicht teilnehmen konnte. 2006, zwei Jahre später, schlossen Warren Buffett und Astrid Menks den Bund der Ehe. Laut Susan wollte Warren dies schon immer machen. [36] [37]

7. Weisheiten von Warren Buffett

In diesem Kapitel werden einige der bekanntesten Weisheiten von Warren Buffett wiedergegeben, welche oben noch nicht erwähnt wurden.

7.1. Mitarbeiter - Social Comparison Bias

«Wenn jeder von uns Menschen einstellt, die kleiner sind als wir, werden wir ein Unternehmen von Zwergen. Wenn wir alle aber Leute einstellen, die größer sind als wir, werden wir ein Unternehmen von Riesen.» [9]

Dies hat mit dem Social Comparison Bias zu tun. Rolf Dobelli schreibt in seinem Buch «Die Kunst des klugen Handelns» folgendes: A-Mitarbeiter (erstklassige Leute) stellen A-plus-Mitarbeiter ein, also Mitarbeiter, welche noch besser sind als sie selbst. B-Mitarbeiter hingegen stellen C-Mitarbeiter ein. C-Mitarbeiter stellen D-Mitarbeiter ein und so weiter. Bis die Firma nur noch aus Z-Mitarbeitern besteht. Dies machen sie, da sie nur kurzfristig denken und Angst haben, dass die bessere Person einem den Job wegnimmt. [10]

Im Jahresbericht 2009 äußerte Warren Buffett folgendes: „Wenn Charlie, ich und Ajit jemals in einem sinkenden Boot sitzen und Sie können nur einen von uns retten, dann schwimmen Sie zu Ajit [29]." Dies deutet klar darauf hin, dass Warren Ajit als A-plus-Mitarbeiter sieht. Langfristig hat sich dies auch sehr ausbezahlt. Ajit machte so einen guten Job, dass aus Millionen mehrere Milliarden bei Berkshire Hathaway wurden. Somit konnte auch Buffett als Hauptaktionär bzw. auch alle anderen Aktionäre davon profitieren. Hätte Buffett aus Angst Ajit nicht eingestellt, da er eines Tages Buffets Platz einnehmen könnte, dann wäre dieser vielleicht zur Konkurrenz gegangen. Dies wäre ein doppelter Verlust gewesen. Zum einen aus entgangenem Gewinn und zum anderen aus der Stärkung der Konkurrenz.

7.2. Risiko

Unserer Meinung nach besteht das wahre Risiko, welches ein Investor einschätzen muss, in der Frage, ob die Summe seiner Nachsteuererträge aus einem Investment während der geplanten Haltedauer zumindest die gleiche Kaufkraft gewährt, die er beim Kauf und zusätzlicher bescheidener Verzinsung seines ursprünglichen Einsatzes hatte. [9]

Buffett möchte damit sagen, dass Sie nach der Haltedauer mindestens das wiederbekommen, was Sie damals investiert haben. Zusätzlich sollte dies verzinst sein. Somit verlieren sie niemals Geld. Es ist klüger, dumme Fehler zu vermeiden und kein Geld zu verlieren, als scheinbar kluge Entscheidungen zu treffen und auf schnelle Pferde zu wetten.

7.3. Sachlich bleiben - Confirmation Bias

Was Menschen am besten können, sind neue Informationen so zu filtern, dass bestehende Betrachtungsweisen intakt bleiben.

Womöglich ist Buffett gerade deshalb so gut, da er den Confirmation Bias kennt und sich zwingt, sachlich zu bleiben und auch einmal seine eigene Meinung zu ändern. Der Confirmation Bias ist ein Denkfehler. Dieser Fehler hat die Tendenz, neue Informationen so zu interpretieren, dass diese mit alten festgefahrenen Glaubenssätzen übereinstimmen. Informationen, die im Widerspruch zu unser Einstellung stehen, blenden wir einfach aus. Passen Sie also auf. Nur weil Ihr Lieblingsunternehmen Sie nie enttäuscht hat, sollten Sie trotzdem auf dessen Zahlen schauen und sachlich bleiben. Lassen Sie sich nicht von Ihrem Bauchgefühl täuschen. [38]

7.4. Bitte keine Hyperaktivität

Beim Investieren korreliert die Aktivität nicht mit der Leistung. [38]

Besonders wenn Sie in eine neue Situation geraten, kommt der Action Bias zum Tragen. Viele neue Investoren legen Geld in Aktien an. Bei den ersten Gewinnen beginnen Sie immer häufiger und immer größere Beträge zu investieren. Natürlich können Sie an der Börse viel Geld verdienen, wenn Sie viel Zeit in die Unternehmensbewertung stecken. Jedoch werden Sie nicht mehr Geld verdienen, wenn Sie immer schneller und mehr an der Börse handeln. Dies wäre eher ein Glücksfall. Da Warren Buffett den Action Bias kennt, weiß er genau, dass es eine Qual ist, abzuwarten und nichts zu tun. Er hat jedoch schon öfters gezeigt, dass dies genau sein Erfolgsrezept ist. Vor der Krise 2008 dachten einige Kritiker von Buffett, dass seine Zeit vorbei ist. Im Crash hatte Buffett so viel Geld auf der Seite, dass er einfach vieles für den halben Preis kaufen konnte.

7.5. Bad News

Warren Buffett hat die CEOs seiner Tochterfirmen angewiesen, ihm keine guten Neuigkeiten mitzuteilen. Es sollen ihm lediglich die schlechten Neuigkeiten mitgeteilt werden und zwar ohne Filter. Der Association Bias beeinträchtigt die Qualität unserer Entscheidungen. Es wird dabei tendiert, schlechte Nachrichten zu missachten und das Gedächtnis mit guten Informationen zu füllen. Lassen Sie sich nicht von guten Neuigkeiten blenden. Natürlich sind bekannte Unternehmen auch gute Unternehmen. Bevor Sie jedoch in diese investieren, sollten Sie wissen welche Probleme das Unternehmen haben könnte und ob diese umgangen werden können. Es bringt Ihnen nichts, wenn Sie hören, dass Ihr Lieblingsunternehmen fünf Milliarden Gewinn erzielt, wenn die Umsatzrendite auf zwei Prozent geschrumpft ist. Zu viel Wissen kann Sie blind vor dem Wesentlichen machen. [38]

7.6. Theorie des ineffizienten Busches

"Ein Vogel in der Hand ist so viel wert wie zwei Vögel im Gebüsch." Dies ist eine Einsicht von Aesop, einem Mann, welcher etwa 600 vor Christus gelebt hat. Dieses Prinzip wendet Buffett noch heute an und spezifiziert die Theorie des ineffizienten Buches mit drei Fragen:

- Wie sicher sind Sie, dass wirklich Vögel im Gebüsch sitzen?
- Wann werden die Vögel herauskommen und wie viele Vögel werden es wirklich sein?
- Wie hoch ist der risikofreie Zins?

Nur wenn Sie alle drei Fragen beantworten können, dann kennen Sie den maximalen Wert des Busches. Aesops Theorie hat sich bis heute nicht verändert und lässt sich auch auf Farmen, Aktien, Anleihen usw. anwenden. Natürlich ist es eine schwierige Aufgabe Aesops Theorie auf ein Unternehmen anzuwenden und die drei Fragen zu beantworten. Es sollten keine präzisen Zahlen verwendet werden, jedoch aber eine Bandbreite von Möglichkeiten aufgezeigt werden, welche ein Unternehmen hat. [9]

8. Schlusswort

Warren Buffett ist einer der größten Investoren aller Zeiten. Ich habe schon viel von ihm gelernt und hoffe, dass ich auch weiterhin von ihm lernen kann. Er ist nicht einfach durch ein Erbe reich geworden. Nein, er ist reich, da er klein angefangen hat, gewisse Grundsätze im Investieren befolgt hat und versucht hat, keine Fehler zu machen. Für mich ist er eine Art Mentor, Lehrer und einfach eine faszinierende Persönlichkeit. Die Jahresversammlungen von Berkshire Hathaway der letzten zwanzig Jahre sind zum einen hoch interessant und zum anderen durch die Moderation von Warren Buffett und seiner rechten Hand Charlie Munger richtig lustig.

Hiermit möchte ich mich bei Warren Buffett bedanken, dass er alle Menschen an seinen Weisheiten teilhaben lässt.

Falls Sie das Gefühl haben, etwas in diesem Buch zu vermissen, dann lassen Sie es mich bitte unter der E-Mailadresse urs.markwalder.kdp@gmail.com wissen.

Wenn Ihnen dieses Buch gefallen hat, dann würde ich mich über eine Rezension auf Amazon freuen.

Ich bedanke mich herzlich für den Kauf dieses Buches und wünsche Ihnen viel Vergnügen beim weiteren Studieren von Warren Buffett.

Urs Markwalder

9. Literaturverzeichnis

[1]   R. G. Hagstrom, Warren Buffett - Sein Weg. Seine Methode. Seine Strategie., Börsenmedien AG, Kulmbach, 2018.

[2]   „Wikipedia,"   17   06   2015.   [Online].   Available: https://de.m.wikipedia.org/wiki/Datei:Schaffnertasche_mit_galoppwechsler.jpeg. [Zugriff am 12 08 2019].

[3]   G. Ilian, Warren Buffett: The Life and Business Lessons of Warren Buffett, GeorgeIlian.com, 2015.

[4]   A. Schroeder, The Snowball: Warren Buffett and the Business of Life, Bloomsbury Publishing, 2019.

[5]   Z.   Mejia,   „CNBC,"   25   12   2017.   [Online].   Available: https://www.cnbc.com/2017/12/24/why-warren-buffett-worked-through-christmas-in-1969.html. [Zugriff am 25 05 2019].

[6]   „massmoments,"   07   05   1958.   [Online].   Available: https://www.massmoments.org/moment-details/berkshire-hathaway-announces-mill-closing.html. [Zugriff am 25 05 2019].

[7]   M. Singer, „MBN - Market Business News," 09 05 2014. [Online]. Available: https://marketbusinessnews.com/berkshire-hathaway-company-overview/20928/. [Zugriff am 25 05 2019].

[8]   F. Vanhaverbeke, Excess Returns, Harriman House, 2014.

[9]   L. A. C. Warren Buffett, Die Essays von Warren Buffett, FinanzBuch, 2018.

[10]   R. Dobelli, Die Kunst des klugen Handelns, dtv Verlagsgesellschaft, 2014.

[11]   dpa,   „Zeit   Online,"   23   06   2006.   [Online].   Available: https://www.zeit.de/online/2006/26/Warren-Buffett. [Zugriff am 26 06 2019].

[12]   „Glide," 2018. [Online]. Available: https://www.glide.org/about/. [Zugriff am 30 07 2019].

[13]   M.   Berg,   „Forbes,"   29   05   2019.   [Online].   Available: https://www.forbes.com/sites/maddieberg/2019/05/29/want-to-have-lunch-with-warren-buffett-heres-how-much-it-will-cost-you/. [Zugriff am 30 07 2019].

[14]   D.   Reichl,   „Bloomberg,"   29   04   2019.   [Online].   Available: https://www.bloomberg.com/news/articles/2019-04-29/buffett-s-20th-annual-charity-lunch-auction-to-kick-off-in-may. [Zugriff am 30 07 2019].

[15]   A.   Serwer,   „fortune,"   16   12   2010.   [Online].   Available: http://archive.fortune.com/2010/12/15/magazines/fortune/buffett_presidential_me dal_freedom.fortune/index.htm. [Zugriff am 19 05 2019].

[16]   A. B. P. B. Alister Bull, „Reuters," 17 11 2010. [Online]. Available: https://www.reuters.com/article/us-obama-buffet/obama-to-award-warren-buffett-medal-of-freedom-idUSTRE6AG4MU20101117. [Zugriff am 19 05 2019].

Warren Buffett - Literaturverzeichnis

[17] Harishsama1998, „Wikimedia," 12 06 2016. [Online]. Available: https://commons.wikimedia.org/wiki/File:8-brilliant-lessons-from-the-investor-that-taught-warren-buffett-everything-he-knows.jpg. [Zugriff am 12 08 2019].

[18] M. F. Christoph Gössel, „boersennews.de," 08 09 2018. [Online]. Available: https://www.boersennews.de/nachrichten/artikel/fuenf-zitate-von-warren-buffetts-lehrmeister-graham--die-dich-reicher-machen-koennen/1611834/. [Zugriff am 10 06 2019].

[19] Redaktion, „extra ETF," 11 07 2017. [Online]. Available: https://de.extraetf.com/news/finanznews/philip-a-fisher-boersenguru. [Zugriff am 10 06 2019].

[20] N. Webb, „Wikipedia," 05 05 2010. [Online]. Available: https://de.wikipedia.org/wiki/Datei:Charlie_Munger.jpg. [Zugriff am 13 08 2019].

[21] M. Hicks, „Wikipedia," 03 11 2013. [Online]. Available: https://de.m.wikipedia.org/wiki/Datei:MITS_Altair_8800_microcomputer_-_Computer_History_Museum.jpg. [Zugriff am 12 08 2019].

[22] K. Ree, „Wikimedia," 03 06 2009. [Online]. Available: https://commons.wikimedia.org/wiki/File:Bill_og_Melinda_Gates_2009-06-03_(bilde_01).JPG. [Zugriff am 12 08 2019].

[23] T. S. Breitsching, „der brutkasten," 07 07 2016. [Online]. Available: https://www.derbrutkasten.com/bill-gates-freund-warren-buffett/. [Zugriff am 30 07 2019].

[24] „Entrepreneur," [Online]. Available: https://www.entrepreneur.com/article/197526. [Zugriff am 30 07 2019].

[25] L. Stephens, „Quora," 09 11 2017. [Online]. Available: https://www.quora.com/How-did-Bill-Gates-and-Warren-Buffett-become-friends. [Zugriff am 30 07 2019].

[26] J. Whannell, „Born2Invest," 16 05 2018. [Online]. Available: https://born2invest.com/articles/warren-buffett-charlie-munger-bill-gates/. [Zugriff am 30 07 2019].

[27] J. Ghosh, „Rediff India Abroad," 06 03 2009. [Online]. Available: https://www.rediff.com/money/2009/mar/06guest-ajit-jain-berkshire-next-oracle.htm. [Zugriff am 09 06 2019].

[28] D. Sairam, „Quora," 22 04 2019. [Online]. Available: https://www.quora.com/Who-is-Ajit-Jain-whom-Warren-Buffett-always-describes-as-his-right-hand. [Zugriff am 09 06 2019].

[29] W. Buffett, „Annual Report - Berkshire Hathaway INC.," Omaha, 2009.

[30] J. Stromberg, „ANTIWAR.COM," 24 04 2001. [Online]. Available: https://original.antiwar.com/joseph-stromberg/2001/04/24/howard-homan-buffett/. [Zugriff am 20 05 2019].

[31] „Biographical Directory of the United States Congress," [Online]. Available: http://bioguide.congress.gov/scripts/biodisplay.pl?index=B001039. [Zugriff am 20 05 2019].

[32]   M. Otte, „Aktien Check," 02 11 2018. [Online]. Available: https://www.aktiencheck.de/kolumnen/Artikel-Warren_Buffett_Aufstieg_Investorenlegende-9152386. [Zugriff am 20 05 2019].

[33]   CNBC, „CNBC," [Online]. Available: https://buffett.cnbc.com/buffett-timeline/. [Zugriff am 20 05 2019].

[34]   Cat, „Book Rags," 16 12 2017. [Online]. Available: http://www.bookrags.com/questions/english-and-literature/Buffett:_The_Making_of_an_American_Capitalist/who-is-leila-stahl-buffett-from-buffett-the-making-of-an-american-capitalist-and-what-is-their-importance--123808#gsc.tab=0. [Zugriff am 20 05 2019].

[35]   A. Jeska, „Welte.de," 16 12 2011. [Online]. Available: https://www.welt.de/politik/ausland/article13783462/Der-letzte-Scheck-von-Doris-Buffett-soll-platzen.html. [Zugriff am 23 05 2019].

[36]   Á. Cain, „BUSINESS INSIDER," 16 11 2018. [Online]. Available: https://www.businessinsider.com/warren-buffett-marriage-wife-2017-10?r=US&IR=T#but-buffetts-hobby-which-he-continues-to-showcase-at-parties-and-meetings-paid-off-in-the-long-run-7. [Zugriff am 30 07 2019].

[37]   M. Kerr, „Cheatsheet," 14 03 2018. [Online]. Available: https://www.cheatsheet.com/health-fitness/dark-secrets-behind-warren-buffets-odd-relationship-with-his-wife-and-his-ex.html/. [Zugriff am 30 07 2019].

[38]   R. Dobelli, Die Kunst des klaren Denkens, dtv Verlagsgesellschaft, 2014.